REGIONES POLARES

CLAIRE WATTS

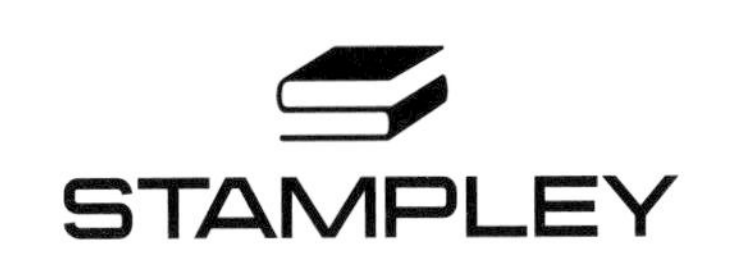

Cómo usar este libro

Referencias cruzadas
Busca las páginas que se citan en la parte superior de las páginas de la izquierda para saber más de cada tema.

Haz la prueba
Estas burbujas te permiten poner en práctica algunas de las ideas de este libro. Así podrás comprobar si esas ideas funcionan.

Rincón bilingüe
Aquí encontrarás las palabras clave de cada tema, así como frases y preguntas relacionadas con el mismo. ¿Puedes contestar las preguntas? Verás también las **palabras clave en inglés**, junto con su **pronunciación inglesa**. Practica en inglés las palabras que aparecen en negrita dentro de las frases y preguntas.

Curiosidades
En este apartado encontrarás datos de interés sobre otros asuntos relacionados con el tema.

Glosario
Las palabras de difícil significado se explican en el glosario que encontrarás al final del libro. Estas palabras aparecen en negritas a lo largo de todo el texto.

Índice
Al final del libro encontrarás el índice, que relaciona por orden alfabético la mayoría de las palabras que aparecen en el texto. Localiza en el índice la palabra de tu interés y ¡verás en qué página aparece la palabra!

Contenido

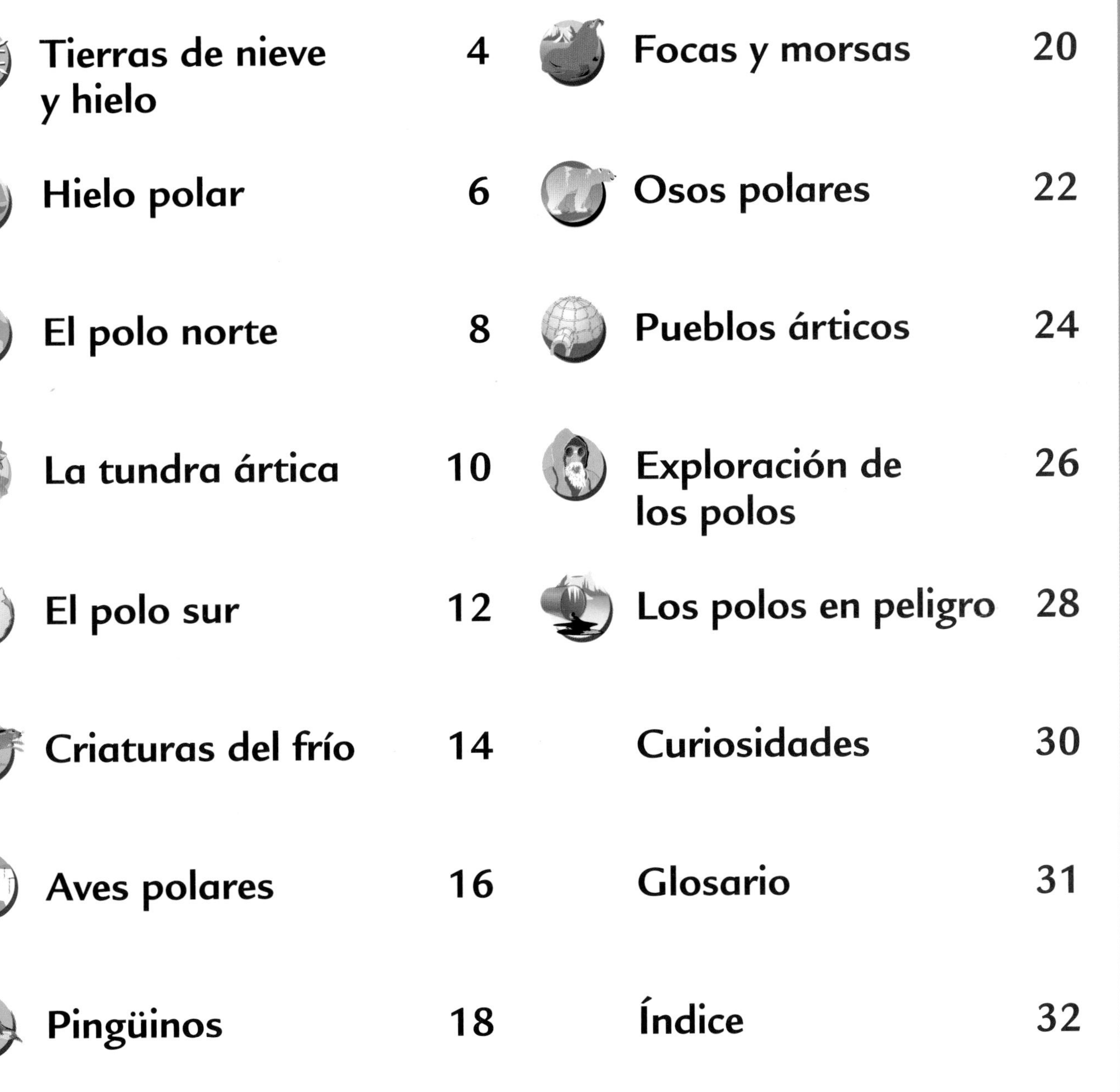

Tierras de nieve y hielo

Las zonas polares son los lugares más fríos de la Tierra. Están cubiertas de hielo o nieve casi todo el año. En un globo terráqueo o en un mapamundi, el polo sur está abajo y el polo norte, arriba.

¿Por qué hace frío en los polos?
En la parte media de la Tierra, los rayos solares caen perpendiculares calentando la zona. En los polos, la Tierra, al curvarse, se aleja del Sol y sus rayos caen oblicuos sobre una zona más amplia, de modo que pierden fuerza y la zona se enfría.

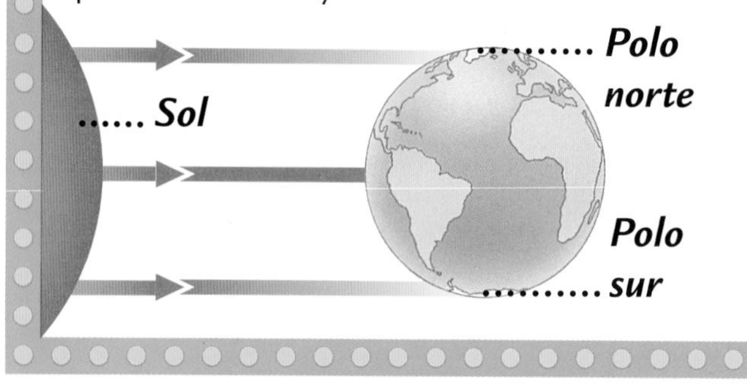

El Ártico y la Antártida
En el Ártico, región que rodea al polo norte, algunos animales viven en tierra, incluso en el gélido invierno. En la Antártida, en el polo sur, los animales viven en el mar, a salvo de enfurecidos y helados vientos; incluso en verano, muy pocos viven en tierra, debido al intenso frío.

El pingüino emperador pasa toda su vida en los hielos de la Antártida.

Pueblos como los inuit viven en el Ártico. Estos niños inuit se abrigan con pieles de animales para protegerse del intenso frío.

Rincón Bilingüe

algunos · some · *som*
gélido · icy · *áisi*
norte · north · *norz*
polo · pole · *póul*
pueblos · peoples · *pípols*
regiones · regions · *ríllions*
sur · south · *sáuz*

¿Dónde está el **polo norte**?
¿Por qué son frías las **regiones** polares?
¿Dónde viven los **pueblos** inuit?

véase: El polo norte, pág. 8; El polo sur, pág. 12

Hielo polar

En las zonas polares el hielo se distribuye de tres formas: la gruesa capa de hielo en tierra firme constituye los casquetes polares. La gruesa capa de hielo que flota en el mar se llama banquisa. Los glaciares son ríos de hielo que se forman en las altas cumbres y fluyen despacio hacia el mar.

▲ **Las focas nadan debajo de la banquisa. Bajo la piel poseen una gruesa capa de grasa, que las protege del frío.**

▲ **Sólo una pequeña parte del iceberg asoma. Los barcos deben tener cuidado de no chocar contra el hielo oculto bajo el agua.**

Icebergs

Son enormes bloques de hielo que se desprenden de los casquetes y los **glaciares** y flotan en el mar. Al llegar a aguas más templadas comienzan a derretirse. Aun así, un iceberg pequeño puede tardar tres años en derretirse.

HAZ LA PRUEBA

Haz un iceberg. Llena de agua una bolsa de plástico. Colócala, cerrada, en el congelador. Al cabo de unas horas, saca el hielo de la bolsa y sumérgelo en un recipiente con agua fría. Comprueba cuánto hielo queda bajo el agua.

La vida bajo el hielo
Millones de animalillos parecidos al camarón viven en los mares polares. El **krill** es el alimento de muchos peces. Éstos, a su vez, son alimento de focas, ballenas y pájaros marinos. Sin el **krill** gran parte de la fauna marina moriría.

Rincón Bilingüe

banquisa · pack ice · *pac-áis*
bloque · block · *bloc*
grasa · blubber · *blóber*
krill · krill · *kril*
muchos · many · *méni*
pájaro · bird · *berd*
templada · warm · *uárm*
tres · three · *zrí*
casquetes polares · icecaps · *áiscaps*

¿Qué es el **krill**? ¿Para qué sirve?
¿Dónde se encuentran los **casquetes polares**?

véase: La tundra ártica, pág. 10; Criaturas del frío, pág. 14

El polo norte

El polo norte se halla en el centro del Océano Glacial Ártico. En invierno, una gruesa capa de hielo cubre el océano en un radio de cientos de kilómetros. Las tierras llanas junto al mar forman la tundra, donde no crecen árboles, sino sólo pequeñas plantas. Más hacia el sur, hay enormes y frondosos bosques.

▼ Los cartógrafos trazan un círculo en la parte superior de la Tierra: el Círculo ártico, en cuyo centro está el polo norte.

El hielo cubre el centro del Océano Glacial Ártico.

La tundra rodea gran parte del Océano Glacial Ártico.

Polo norte

Círculo ártico

▼ En verano, el caribú inicia su viaje hacia el norte desde los bosques cercanos al Círculo ártico para alimentarse de plantas silvestres.

▼ Los **glaciares** árticos descienden lentos de las montañas al mar.

Pueblos del Ártico
El ser humano ha habitado en el Ártico desde hace miles de años, en pequeños poblados a orillas del mar. Durante el invierno excavan la gruesa capa de hielo en busca de agua potable.

CURIOSIDADES

El Ártico es la tierra del sol de medianoche. Ello se debe a que, durante varias semanas en verano, el sol nunca se pone y brilla en el cielo a cualquier hora del día. En invierno, en cambio, el sol no sale en varias semanas y es de noche todo el tiempo.

La fauna del Ártico
El **hábitat** es muy variado en el Ártico: focas, ballenas y nutrias nadan en las frías aguas y se alimentan principalmente de **krill**. En la **tundra** crecen plantas enanas y habitan muchos animales de espeso pelaje. En el bosque, los lobos y los osos cazan a otros animales más pequeños, como ardillas y pájaros.

Rincón Bilingüe

Ártico · Arctic · *árctic*
caribú · caribou · *cáribu*
durante · during · *diúring*
llanas · flat · *flat*
nunca · never · *néver*
nutria · otter · *óter*
cartógrafo · mapmaker · *map-méiquer*
medianoche · midnight · *midnáit*

¿Por qué emigran las manadas de **caribús**?
¿Cómo se llaman las tierras **llanas** del **Ártico**?

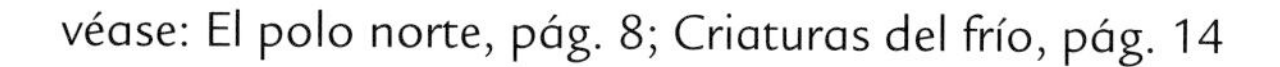
véase: El polo norte, pág. 8; Criaturas del frío, pág. 14

La tundra ártica

En verano, la nieve de la tundra ártica se funde y el suelo se vuelve blando y pantanoso. Hojas y flores brotan, las bayas maduran, y los mosquitos y otros insectos de repente inundan el aire con sus zumbidos. El suelo se convierte en una hermosa alfombra de colores.

▲ El toro almizclero vive en la **tundra** todo el año. Se defiende del ataque de los lobos hambrientos formando un círculo como barrera.

▲ El verano en el Ártico dura de mayo a julio. En ese tiempo, flores como éstas iluminan con sus colores la **tundra**.

Estanques estivales

En verano una capa de suelo permanece siempre helada a cierta profundidad. Esta capa, llamada **permafrost**, impide el drenaje de las aguas al fundirse la nieve, de modo que se forman estanques y pantanos.

CURIOSIDADES

Las bajas temperaturas y la falta de luz hacen que las plantas crezcan despacio. En el Ártico un arbusto puede tardar 100 años en crecer 50 cm. En un bosque cálido, los árboles crecen ¡100 veces más en el mismo tiempo!

Visitantes del verano
En verano, renos y otros animales llegan a la **tundra** en busca de alimento. Los gansos polares anidan en la orilla de los estanques y picotean las hierbas.

Plantas enanas
Las plantas que brotan en verano deben sobrevivir en invierno. Crecen a ras del suelo para no ser aplastadas por la nieve o quebradas por los vientos. No hay árboles, pues no sobrevivirían a los crudos inviernos.

Rincón Bilingüe

barrera · barrier · *bárrier*
círculo · circle · *cercl*
despacio · slow · *slóu*
enana · dwarf · *duórf*
julio · July · *llulái*
nieve · snow · *snóu*
toro · bull · *bul*
tundra · tundra · *tondra*
mosquitos · mosquitoes · *mosquitos*

¿Pueden sobrevivir los **mosquitos** en la **tundra** ártica?
¿Por qué crecen **despacio** las plantas en el Ártico?

véase: Pingüinos, pág. 18; Los polos en peligro, pág. 28

El polo sur

El polo sur está en el centro de la Antártida, inmenso continente que se halla rodeado por el Océano Antártico. A lo largo de sus costas rocosas brotan plantas enanas de lento crecimiento y miles de aves se aparean ahí.

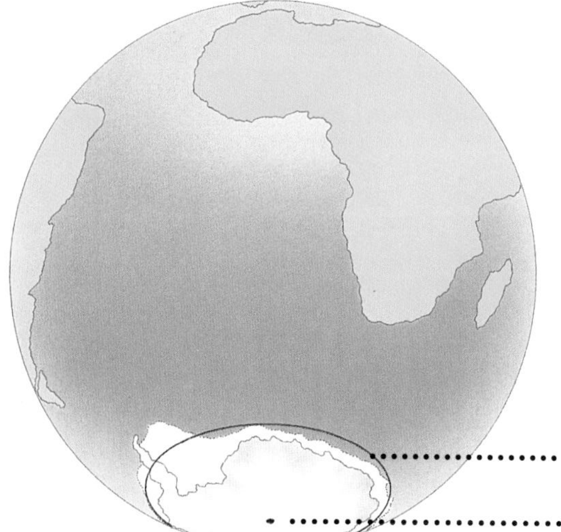

◀ Los cartógrafos trazan en la parte baja de la Tierra un círculo imaginario, el Círculo antártico, en cuyo centro está el polo sur.

▲ Casi toda la Antártida, incluidas sus altas montañas, está cubierta de hielo, excepto sus escarpadas costas.

El continente más frío

En las zonas más frías de la Antártida, el agua se congela en cuanto se vierte en un vaso. Los fuertes vientos recortan el hielo dándole formas espectaculares. Un grupo de científicos vive en la Antártida en cómodas estaciones de investigación. En verano, trabajan en el exterior y en invierno en el interior, a cobijo de tormentas y de las bajas **temperaturas**.

CURIOSIDADES

El animal más grande de la Tierra, la ballena azul, vive en las aguas de la Antártida. Llega a medir 30 m de largo, o lo mismo que siete autos en hilera, uno tras otro.

La vida en la costa austral
Muy pocas plantas o animales viven en la Antártida. En verano, las focas, pingüinos y ballenas llegan a la costa a **aparearse** y a dar a luz a sus crías; éstas se hallan a salvo, pues ahí llegan pocos **predadores**.

Las aguas antárticas
La **temperatura** en el agua es un poco más cálida que en tierra. Millones de diminutas plantas y animales (**plancton**) viven en el mar y son el alimento de animales más grandes.

▼ **En las heladas aguas australes viven coloridas criaturas.**

El erizo se protege con sus largas púas.

El coral: esqueletos de pequeños animales.

La araña de mar posee entre cuatro y diez patas.

Si la estrella de mar pierde algún brazo, le crece otro nuevo.

El pizarrero marino, de duro caparazón que lo protege de **predadores.**

La anémona atrapa el alimento con sus tentáculos.

Rincón Bilingüe

Antártida · Antarctic · *antárctic*
ballena azul · blue whale · *blu uéil*
centro · center · *sénter*
erizo · urchin · *érchin*
imaginario · imaginary · *imallinéri*
plancton · plankton · *plancton*
temperatura · temperature · *témperachur*

¿Qué es el **plancton**? ¿Para qué sirve?
El polo sur está en el **centro** de la **Antártida**.
La **ballena azul** es el animal más grande.

véase: Aves polares, pág. 16; Pingüinos, pág. 18; Osos polares, pág. 22

Criaturas del frío

Algunos animales permanecen, incluso en invierno, en las zonas polares. Muchos de ellos tienen pelaje espeso, plumas o grasa que los aíslan del frío. Zorros y liebres viven en el Ártico todo el año; los pingüinos y los albatros tienen su hábitat en la Antártida.

CURIOSIDADES

El ser humano usa los plumones blandos del eider para confeccionar prendas de abrigo y almohadas. Pero la idea fue primero de este pato. La hembra del eider se arranca las plumas del pecho para preparar su nido e incubar sus huevos.

▼ Escenas como ésta muestran el comienzo del invierno ártico. Estos animales hibernan en la zona.

El pelaje espeso y blanco del zorro polar le sirve para no ser visto entre la nieve.

En invierno, el lemming vive bajo la nieve y se alimenta de semillas que encuentra en el suelo. En primavera sale de nuevo al exterior.

Energía para el invierno
En invierno, los animales polares deben subsistir con poco alimento. Así, comen todo lo que pueden en verano (el caribú, por ejemplo, come día y noche). El alimento suplementario lo almacenan como **grasa**, la cual, en invierno, les procura calor y **energía**.

Rincón Bilingüe

armiño · ermine · *érmin*
blando · soft · *soft*
invierno · winter · *uínter*
mínima · minimum · *mínimum*
pelaje · fur · *fer*
plumones · feathers · *féders*
zorro · fox · *focs*

¿De qué color es el **pelaje** del **zorro** polar?
¿Dónde viven los osos polares en el **invierno**?
¿Viven animales en las regiones polares?

El búho nival caza animales pequeños, como los lemmings.

Siestas invernales
En invierno, para ahorrar **energía**, los animales polares realizan la mínima actividad posible. El oso polar duerme mucho tiempo en su guarida, igual que la ardilla ártica, que se acurruca todo el invierno en su escondrijo.

La liebre ártica escarba en busca de alimento donde la capa de nieve es delgada.

El pelaje del armiño es muy suave y en invierno adquiere un hermoso color blanco.

véase: Pingüinos, pág. 18

Aves polares

Al Ártico como a la Antártida llega un gran número de aves, aunque pocas permanecen ahí todo el año. Llegan cuando empieza el verano y emigran en otoño a lugares más cálidos. De todas las aves, sólo las gaviotas y las golondrinas de mar permanecen en ambas zonas polares.

▲ El albatros, con sus alas largas y estrechas, planea y baja en picada sobre el tormentoso mar austral.

▲ El lagópodo tiene espeso plumaje en las patas para soportar el intenso frío.

Aves del Ártico

Muchas aves, entre ellas el frailecillo y el ganso, llegan al Ártico en verano para reproducirse y criar a sus polluelos. El lagópodo vive en la **tundra** ártica todo el año; el plumaje de esta ave en verano es del color de las piedras y en invierno se vuelve blanco.

Aves de la Antártida

El albatros, una de las aves de mayor tamaño, vive en la Antártida. Vuela sobre el mar y desciende hasta su superficie en busca de peces. Los pingüinos son las aves más características de la zona; en sus costas viven más de un millón de ellos.

CURIOSIDADES

Cada año, la golondrina ártica pasa el verano criando a sus polluelos en el Ártico. Luego, atraviesa la Tierra de norte a sur, para pasar el verano en la Antártida, de noviembre a enero. A fines de enero, regresa camino al Ártico.

▼ **El frailecillo hace sus nidos en grandes grupos en las costas rocosas árticas. Come peces y es excelente nadador y buceador.**

Rincón Bilingüe

aves · birds · *berds*
buceador · diver · *dáiver*
enero · January · *llánuari*
frailecillos · puffins · *pófins*
ganso · goose · *gus*
golondrina · sparrow · *spárou*
noviembre · November · *novémber*

¿Dónde pasa el verano la **golondrina** ártica?
¿Cuándo emigran las **aves** hacia los polos?
¿Dónde hacen sus nidos los **frailecillos**?

véase: Tierras de nieve y hielo, pág. 4

Pingüinos

El pingüino emperador, que tiene más o menos tu estatura, es el más grande de todos los pingüinos de la Antártida. Es un ave insólita: además de que no vuela, es excelente nadador. Sólo llega a tierra para poner huevos y cuidar de sus polluelos.

CURIOSIDADES

Cuando los pingüinos quieren desplazarse rápidamente por la nieve o el hielo, se tumban boca abajo y se deslizan sobre su panza impulsándose con sus aletas y patas.

▲ Los padres pingüino emperador se turnan para cuidar a sus crías.

Cariño y esmero
En mayo, la hembra emperador pone un huevo. El macho incuba el huevo y la hembra se adentra en el mar para juntar reservas de alimento. En julio, la madre regresa con su pesca para alimentar al recién nacido.

▲ El pingüino de Adelia come calamares, peces y krill.

▼ **Cuando los pingüinos de Adelia están en tierra se juntan en grupo. En el mar, cada uno se separa para buscar su alimento.**

Nuevo plumaje
El pingüino recién salido del cascarón está cubierto de una fina y suave pelusa de color gris o pardo. Al cabo de unas semanas, empieza a crecerle el lustroso plumaje blanco y negro de pingüino adulto.

Campeones de natación
Las patas cortas y palmeadas del pingüino están adaptadas para nadar y sus alas en forma de remo le sirven de aletas. En verano, el pingüino muda la pluma y empieza a crecerle su nuevo abrigo que le servirá para sumergirse en el agua, pues sus plumas son impermeables.

Rincón Bilingüe

cascarón · shell · *shel*
excelente · excelent · *éxcelent*
huevo · egg · *eg*
impermeable · waterproof · *uóter-prúf*
mayo · May · *méi*
nadador · swimmer · *suímer*
negro · black · *blac*
plumas · feathers · *féders*

¿Qué ave tiene **plumas impermeables**?
¿Qué ave es **excelente nadador**?

véase: Hielo polar, pág. 6; Osos polares, pág. 22

Focas y morsas

Las focas viven en ambos mares polares, en cuyas costas se aparean y se alimentan. La morsa pertenece a la misma familia de animales que la foca, pero sólo vive en el Ártico. Unas y otras son mamíferos. La hembra da a luz a su cría y la alimenta con su leche.

Dentro y fuera del agua

Las focas pasan mucho tiempo en el mar. Bajo el agua resisten hasta una hora, al cabo de la cual tienen que salir a la superficie a respirar. Cuando el mar está helado, escarban respiraderos en el hielo. Gustan de tomar el sol. Avanzan con saltos rápidos sobre el hielo y luego se tumban para calentarse con sus rayos.

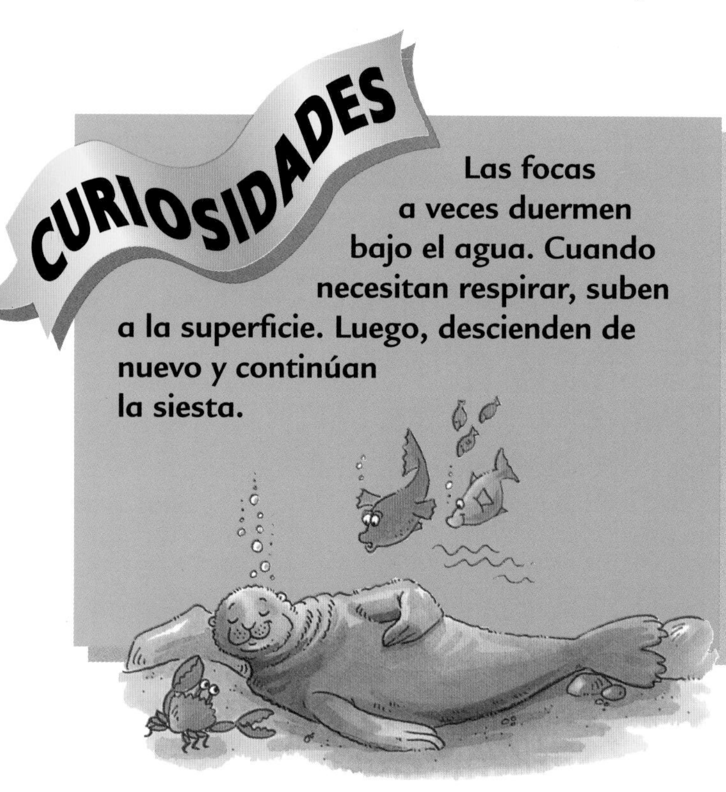

CURIOSIDADES

Las focas a veces duermen bajo el agua. Cuando necesitan respirar, suben a la superficie. Luego, descienden de nuevo y continúan la siesta.

▲ Muchas crías de focas saben nadar y en tierra se desplazan por sí solas en cuanto nacen.

◀ Las morsas se amontonan para darse calor mutuamente y protegerse de los osos.

Rincón Bilingüe

ambos · both · *bóuz*
fuera · outside · *áut-sáid*
hembra · female · *fímeil*
leche · milk · *milk*
luego · later · *léiter*
respiraderos · blowholes · *blóujóuls*
siesta · nap · *nap*
sólo · only · *óunli*

Las focas viven en **ambos** mares polares.
¿Dónde escarban **respiraderos** las focas?

véase: Criaturas del frío, pág. 14

Osos polares

El oso polar vive en el Ártico y es uno de los animales más grandes y feroces. ¡Su tamaño es el doble de un león! Tiene una capa de pelo grueso y suave junto a la piel, y sobre ésa, otra capa exterior de pelo más largo. Al nadar, su pelaje exterior se comprime y se cierra, impidiendo el paso del agua y aislándolo del frío.

Cómo camina en el hielo
Las patas del oso polar son grandes y mullidas. En la planta posee unos pelos rígidos que le sirven para adherirse al hielo, de modo que camina sin resbalarse.

▲ Los osos polares pasan casi todo el tiempo en el mar, ya sea sobre el hielo flotante o nadando en el agua.

En invierno, cuando el mar está helado, los osos cazan focas con facilidad: esperan a que suban por los respiraderos; luego, un simple zarpazo es suficiente para matarlas.

Cazar para comer
El oso caza focas y peces. También hace incursiones a la **tundra**, donde come hierbas y bayas. En invierno, cuando escasea el alimento, llega a las cercanías de los poblados. Como está hambriento, devora los restos de basura que encuentra en los botes y puede resultar intoxicado.

Los cachorros de oso polar
En diciembre, la osa cava su guarida en la nieve o el hielo. Ahí da a luz a uno o dos oseznos y los alimenta con su leche. Cuando los oseznos tienen tres meses de edad, la madre les deja salir al exterior por primera vez. Los oseznos viven con su madre durante dos años, época en la que aprenden a nadar y a cazar.

▼ **La osa polar permanece con los oseznos en su guarida y ahí subsiste de la grasa almacenada en su cuerpo. Cuando por fin sale, la madre está delgada y hambrienta.**

Rincón Bilingüe

diciembre · December · *dicember*
helado · frozen · *fróuzen*
mes · month · *monz*
osezno · cub · *cob*
oso (osa) polar · polar bear · *póular-ber*
patas · paws · *póos*
rígido · rigid · *ríllid*

La **osa polar** entra a su guarida en **diciembre**. ¿Tienen **patas** grandes los **osos polares**? ¿Cómo caminan sobre el suelo **helado**?

véase: Tierras de nieve y hielo, pág. 4; El polo norte, pág. 8; Los polos en peligro, pág. 28

Pueblos árticos

En las costas árticas de Alaska, Canadá y Groenlandia viven los inuit. Más al sur, viven los saami, en las tierras de Laponia. Los inuit eran cazadores, y los saami criaban renos para aprovechar su leche, carne y piel, pero hoy, unos y otros trabajan en su mayoría en la pesca, la silvicultura y las industrias del petróleo y el gas.

El iglú de los inuit
Los inuit de Canadá pasaban el invierno en un iglú que construían con bloques de hielo dándole forma de cúpula, cuyas grietas rellenaban con nieve. En el iglú, comían y dormían en una plataforma de hielo cubierta de pieles. Lámparas de aceite de foca procuraban luz y calor.

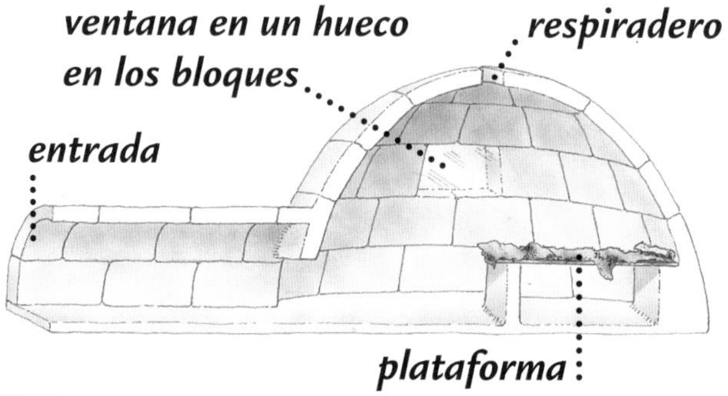

▲ Hoy, cuando los inuit van en largos viajes de cacería pernoctan todavía en un iglú.

◀ **Los saami suelen vestir su traje tradicional para pasear en trineo por la nieve a los turistas.**

Para abrigarse

En el pasado, los habitantes del Ártico vestían trajes de lana o de pieles de animales. Sus casas eran de piedra, hierba o hielo, o vivían en tiendas hechas de piel de animal. Hoy visten ropa moderna y sus casas son de ladrillo y madera.

▲ **Con frecuencia, el nivimóvil sustituye al trineo para desplazarse por la nieve.**

Nuevas industrias

En el pasado, los habitantes del Ártico se alimentaban de la pesca y, cuando necesitaban madera, talaban árboles. Hoy, ambas actividades se han convertido en grandes industrias, donde trabajan miles de inuit y saami. Los que trabajan en la industria pesquera pescan y empacan pescado para exportarlo a todo el mundo.

Rincón Bilingüe

carne · meat · *míit*
iglú · igloo · *íglu*
industria · industry · *índostri*
ladrillo · brick · *brik*
renos · reindeer · *réindier*
tradicional · traditional · *tradíshonal*
trineos · sleighs · *sléis*

¿Qué pueblo cría manadas de **renos**?
¿Qué es un **iglú**?
¿Cuál es la ventaja de los **trineos**?

véase: Los polos en peligro, pág. 28

Exploración de los polos

Hace casi un siglo, el ser humano llegó por primera vez a los polos. Desde entonces, ha habido muchas expediciones, y hoy, en estaciones de investigación en el Ártico y la Antártida los científicos estudian el suelo y aprenden más sobre nuestro planeta y cómo conservarlo en el futuro.

◀ Se estudia el suelo para ver si ha sido dañado por la contaminación.

▲ En invierno son muy pocas las horas de luz. La forma de cúpula de la estación polar Amundsen-Scott aprovecha la entrada de luz en lo posible.

La ciencia en acción
El aire frío polar influye en el clima de todo el mundo. En las estaciones de investigación, los expertos estudian el viento, la tierra, el hielo, y el clima terrestre, y tratan de saber si éste está cambiando.

HAZ LA PRUEBA

*Comprueba por qué los exploradores polares llevan tantas capas de ropa para conservar el calor corporal. Llena dos botellas de plástico con agua caliente. Envuelve una de ellas con una toalla; al cabo de diez minutos toma la **temperatura** del agua de cada botella. ¿Cuál se enfrió antes?*

Prepararse para explorar
Moverse en medio del intenso frío polar implica gran consumo de **energía**; así, los exploradores necesitan comer bien. Para aligerar el peso de sus mochilas cargan alimentos deshidratados y, antes de cocinarlos, los mezclan con nieve. Su ropa es de mucho abrigo, pero ligera, para moverse con soltura.

▼ **El explorador que viaja solo o con un grupo de huskies se sirve de un equipo moderno y un trineo con carga ligera.**

Rincón Bilingüe

bien · well · *uél*
botas · boots · *buts*
cúpula · dome · *dóum*
expediciones · expeditions · *expedíshons*
futuro · future · *fiúchur*
gafas · glasses · *gláses*
guantes · gloves · *glovs*

¿Podrías vivir en una estación la Antártida?
Ha habido muchas **expediciones** polares.
¿Por qué usan **gafas** los exploradores?

El explorador lleva gafas que opacan el brillo del sol en la nieve.

Las botas y los guantes impiden que sus manos y sus pies se congelen por el frío.

Trineos cargados de equipo corren sobre bases resistentes.

Los huskies cuidan el campamento del ataque de otros animales. Hoy, muchos exploradores usan el nivimóbil en lugar de huskies para arrastrar trineos.

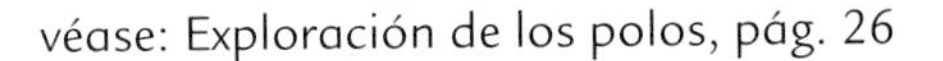
véase: Exploración de los polos, pág. 26

Los polos en peligro

Hoy, las industrias en las zonas polares causan contaminación; en el Ártico, han contaminado el aire y el agua y destruido parte de la tundra. La contaminación en otras partes del mundo también daña a las zonas polares. Los países trabajan ahora en común para protegerlas.

Agujeros en la capa de ozono

Una capa de gas llamado **ozono** protege a la Tierra de algunos rayos solares dañinos. La **contaminación** en todo el mundo ha creado agujeros en la capa de **ozono** encima de los polos, y más rayos solares, que dañan a animales y plantas, llegan a la Tierra.

agujero en la capa de ozono

rayos solares dañinos

▲ **La gente ha dejado desperdicios en partes del Ártico. Estos barriles, abandonados por la industria, amenazan la fauna.**

Minería en el Ártico

En el Ártico, la explotación de carbón, petróleo y gas ha llevado a la construcción de oleoductos y carreteras, restando tierra a animales y plantas.

▶ **Los oleoductos subterráneos dañan el permafrost y la vida silvestre; así, estos ductos en Alaska están en la superficie.**

▲ **En el pasado, se capturaban muchas ballenas, por su carne y aceite, y su número disminuyó. Ahora están protegidas.**

Mantener limpio el ambiente

En 1989 un grave derrame de petróleo en el Ártico provocó la muerte de millones de animales. Muchos países han acordado no explotar más petróleo, gas ni carbón en los polos. Todos deseamos conservar el Ártico y la Antártida entre las zonas más limpias y exentas de **contaminación** de la Tierra.

Rincón Bilingüe

ambiente · environment · *enváironment*
capa de ozono · ozone layer · *ózoun léier*
carbón · coal · *cóul*
hueco · hole · *jóul*
mina · mine · *máin*
permafrost · permafrost · *permafrost*
protegido · protected · *protécted*

¡Protejamos el **ambiente** en peligro!
¿Por qué es importante la **capa de ozono**?
¿Qué animal polar está ahora **protegido**?

Curiosidades

● ¿Sabías que la Antártida es un desierto? Anualmente caen menos de 150 mm de lluvia o nieve, la misma precipitación pluvial que en partes del Sahara, en África.

☆ *El pingüino emperador desciende en el mar, en busca de alimento, a más profundidad que ninguna otra ave polar: hasta 400 m.*

● La foca de Weddell de la Antártida y la foca anillada en el Ártico, pasan inviernos enteros bajo el hielo. Salen por los respiraderos a tomar aire y vuelven a sumergirse en el agua.

☆ *Las capas más profundas de hielo en la Antártida tienen al menos 200,000 años de antigüedad.*

● Un equipo de 12 huskies puede tirar de un trineo con un peso de media tonelada, que es el peso de un auto compacto.

☆ *En verano, cerca de la superficie del Océano Antártico existen zonas tan llenas de krill que el agua parece de color rojo.*

● Los agujeros de las redes de pesca en los polos deben ser lo bastante grandes para que los peces pequeños escapen por ellos al agua. Esto es con el fin de que puedan reproducirse y no disminuya el número de peces en el mar.

☆ *El oso polar tiene un olfato tan fino que puede percibir la presencia de cachorros de foca a varios metros de distancia.*

● Los rompehielos son potentes barcos capaces de abrirse paso entre gruesas capas de hielo para dejar camino libre a otros barcos.

☆ *El iceberg más grande que se conoce medía 335 km de longitud y 97 km de ancho; era más grande que la isla de Jamaica.*

Glosario

aparearse Juntarse los animales para producir crías de su especie.

banquisa Capa de hielo flotante en el mar.

casquete polar Capa de hielo que cubre parte de la tierra en el Ártico y la Antártida.

contaminación Basura o suciedad que daña a la Tierra, sus plantas y animales.

continente Una de las siete grandes extensiones de tierra en el mundo.

energía La fuerza para realizar trabajo.

expedición Viaje o largo recorrido de los exploradores.

glaciar Gran río de hielo que avanza lentamente.

grasa La capa bajo la piel de un animal; le da calor corporal en invierno y al nadar en el agua helada.

hábitat Lugar habitual donde un animal o planta viven.

krill Plancton animal.

mamífero Animal que da a luz crías vivas y las alimenta con su leche.

mapamundi Mapa que representa la superficie de la Tierra dividida en dos hemisferios.

ozono Capa de gas que rodea la Tierra y la protege de los rayos solares dañinos para la vida.

permafrost Gruesa y profunda capa de suelo en la tundra que permanece congelada.

plancton Animales y plantas diminutos que viven en el mar. El plancton animal se llama krill.

predador Animal que caza a otros animales para comérselos.

temperatura Lo caliente o frío que está algo.

tundra Tierras llanas que rodean al Océano Glacial Ártico. Están cubiertas de nieve en invierno, y ahí viven muchas plantas y animales todo el año.

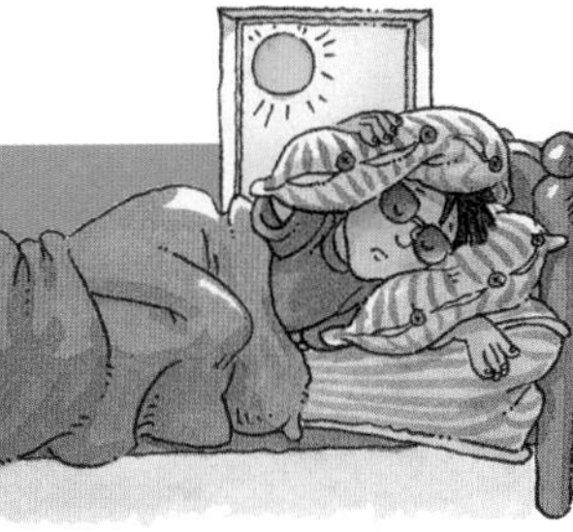

Índice

Editado en 1998 por
C. D. Stampley Enterprises, Inc.
Charlotte, NC, USA
Edición española

Primera edición en inglés por

Texto: Claire Watts
Asesor: Dr Bernard Stonehouse
Arte: Bill Donohoe, Teri Gower, Mel Pickering y Peter Bull

Director editorial: Robert Sved
Director arte: Carole Orbell
Producción: Adam Wilde
Editor: Janet De Saulles
Investigación en fotografía: Laura Cartwright
Investigación adicional: Inga Phipps

Traducción al español:
María Teresa Sanz

ISBN: 1-58087-011-2

Créditos fotográficos: Cubierta: Bruce Coleman Ltd; p4/5: Bruce Coleman Ltd; p5(s): B&C Alexander; p6(i), p6/7(c): Oxford Scientific Films; p8(i): Robert Harding; p8/9(c): Planet Earth Pictures; p10: BBC Natural History Unit; p12: Pictor International; p16, p17: Planet Earth Pictures; p18: Bruce Coleman Ltd; p20/21(c): Ardea Ltd; p21(s): B&C Alexander; p22: BBC Natural History Unit; p24: B&C Alexander; p25(si): Pictor International; p25(c), p26, p28 (i&d): B&C Alexander; p29: Ardea Ltd.